Feuille d'exercices 1 Date :

- Écris à côté de chaque phrase le nom de la personne qui dit le message. Sais-tu aussi à qui le message s'adresse ?

émetteur	message	récepteur
Client	Un pain blanc coupé, s'il vous plaît.	Boulanger
	Ouvrez votre livre page 14.	
	Prenez un comprimé chaque matin avec un grand verre d'eau.	
	Puis-je voir votre permis de conduire ?	
	Un coca et un thé, s.v.p.	
	Demain, on annonce des averses de pluie.	
	Je vous conseille de prendre une taille au-dessus.	
	Luc Delvaux à l'appareil. À qui ai-je l'honneur ?	
	500 grammes de hachis. J'en mets un peu plus ?	
	Le président américain est en visite dans notre pays.	

Date :

- Classe ces mots dans la bonne colonne, en fonction du nombre de syllabes.

agenda – journal – céleri – rapport – oiseau – novembre – connu
vérité – décembre – santé – biberon – nouveau – enfant
dessiner – natation – bande – éléphant – basse

mots à 2 syllabes	mots à 3 syllabes
....	....
....	....
....	....
....	....
....	....
....	....
....	....
....	....
....	....

- Mets une barre oblique entre les syllabes. Écris derrière chaque mot combien il y a de syllabes.
  Par exemple : men/the = 2, pa/ra/sol = 3

quatorze = ...	plutôt = ...	nager = ...
cheval = ...	papillon = ...	médecin = ...
espérer = ...	chanter = ...	apporter = ...

Feuille d'exercices 3 Date :

- Termine les phrases en ajoutant chaque fois un mot qui rime avec celui écrit en gras. Sois créatif, jeune poète !

Dans la grande **forêt** gambadent trois furets .

Depuis ce matin il **pleut**. C'est étrange car le ciel est ....

Dans la neige je vois les **traces**, de tous les animaux qui ....

J'ai du papier et des **crayons**. Je vais dessiner une ....

On a eu un accident de **voiture** ! Heureusement, on avait mis notre ..

....

Le spectacle du cirque est **magnifique** et les clowns sont très ....

....

Pour ne pas oublier la fête de **demain** j'ai tout écrit sur ma ....

Tu sais ce que j'ai **entendu** ? Le chien du voisin s'est ....

L'après-midi après l'**école**, Lisa s'amuse comme une ....

Mon cousin Paul joue avec **moi**, à cache-cache dans le ....

- Imagine des rimes. Essaie d'en inventer avec les mots suivants.

cadeau + beau

....

....

lent + grand

....

....

Feuille d'exercices 4 | Date :

- Forme des adjectifs à partir de ces mots. La finale est **eux** ou **ique**. Attention : tu dois parfois modifier la fin du mot !

Par exemple :

peur	*peureux*	magie	*magique*
chance	....	boulimie	....
drame	....	celte	....
arôme	....	un	....
base	....	joie	....
bible	....	gloire	....
doute	....	nerf	....
ange	....	amour	....
énergie	....	danger	....
silence	....	souci	....

- Écris les mots que tu as formés dans la bonne colonne.

–eux		–ique	
....	....	....	....
....	....	....	....
....	....	....	....
....	....	....	....
....	....	....	....

Feuille d'exercices 5

Date :

- Trouve les deux dernières lettres pour former un mot.

bét.. rêv.. nua.. lég.. faç.. gaz..

mar.. ven.. sav.. cyg.. tap.. nev..

- Écris les lettres dans l'ordre alphabétique.

b – m – p – k – o – z

....

x – c – e – v – y – h

....

q – t – p – k – m – v

....

a – t – o – j – l – g

....

- Écris la première lettre de chaque mot, pour que ceux-ci soient classés par ordre alphabétique.

Un exemple : balle dalle salle

parce que b est avant d et d avant s dans l'alphabet !

...ent ...ent ...ent ...ou ...ou ...ou

...oin ...oin ...oin ...ot ...ot ...ot

Feuille d'exercices 6

Date :

Ces mots prennent-ils s ou x au pluriel ?

oiseau ...	loi ...	moto ...	banc ...
livre ...	cheveu ...	pneu ...	adresse ...
chou ...	peau ...	tuile ...	genou ...
pou ...	photo ...	trou ...	girafe ...
bleu ...	maison ...	canon ...	sac ...

Écris toi-même le pluriel correct des mots suivants.

bisou	....	pain	....
château	....	nouveau	....
noix	....	cheval	....
bijou	....	travail	....

Écris ces adjectifs d'abord au pluriel, puis au féminin singulier.

beau	....	....
facile	....	....
brun	....	....
bon	....	....
mou	....	....
malin	....	....
intelligent	....	....

Feuille d'exercices 7

Date :

- Les mots composés sont des mots que tu peux former avec plusieurs mots existants.

Un exemple : pare + feu = *pare - feu*

Relie les différents mots pour reconstituer des mots composés. Écris-les sans oublier les tirets.

garde •	• soleil	....
pare •	• assiette	....
presse •	• chasse	....
pique •	• purée	....

- Quel petit mot doit s'intercaler entre les deux mots donnés ?

Un exemple :

boîte + ... + lettres	= boîte + *aux* + lettres
râpe + ... + fromage	= ....
coup + ... + tonnerre	= ....
four + ... + micro-ondes	= ....

- Trouve le premier mot de ces noms composés.

Un exemple : ...... + monnaie = *porte*-monnaie

.... + livres	= ....
.... + bouchon	= ....
.... + boîte	= ....

- Les petits mots **le**, **l'**, **la** et **les** sont des articles. Ils se mettent devant un nom. Écris le bon article devant chaque mot. Choisis parmi **le**, **l'**, **la** et **les**.

.... sourire	.... histoires	.... chevaux
.... magasins	.... plage	.... surprise
.... voiture	.... télévision	.... dé
.... animal	.... hôpital	.... film

- Dans les phrases suivantes, certains articles sont faux. Corrige-les.

Un exemple :
Le éléphant a écrasé la vélo.
L'éléphant a écrasé le vélo.

J'envoie la lettre à le fille.

....

Ce soir, la voleur est entré par l'fenêtre dans ma chambre.

....

Sur les podium, la chanteur chante une chanson magnifique.

....

La livre de le grand-mère est dans les grenier.

....

Au milieu de le enveloppe, la adresse est mal écrite.

....

Feuille d'exercices 9

Date :

- Relie chaque mot à son contraire.

fort	•	•	bon marché
lourd	•	•	haut
triste	•	•	faible
cher	•	•	plein
gauche	•	•	lent
beau	•	•	mince
rapide	•	•	léger
bas	•	•	joyeux
vide	•	•	difficile
gros	•	•	laid
facile	•	•	droite

- Certains mots ont un **s** ou un **x** au singulier et restent donc invariables au pluriel. Reconnais-les, distingue-les de ceux qui sont écrits au pluriel et entoure-les.

souris	fois	radis	gars
soucis	doigts	photos	rats
prix	pois	os	temps
choux	croix	doux	champs
noix	canaux	bisous	puits

- Dans chaque ligne, entoure les deux mots qui ne sont pas des verbes.

mourir	dormir	pire	plaisir
boire	gloire	mémoire	croire

Feuille d'exercices 10 Date :

- Complète les mots par **re**, **ver**, **per** ou **par**.

.........glas	.........forer	.........bal
.........gret	.........ser	.........mission
.........don	.........cer	.........fum
.........du	.........flet	.........fuge
.........nis	.........tir	.........asol
.........sil	.........faire	.........culer
.........ger	.........fait	.........tage

- Trouve d'autres mots qui commencent par **re**, **per** ou **par**.

re	per	par ....
re	per	par ....
re	per	par ....

- Complète les phrases suivantes avec des mots qui commencent par **re**.

C'est mon anniversaire ! J'ai .... de beaux cadeaux !

Je ne trouve pas mes clés ! Tu as .... sous la table ?

J'ai raté mon exercice, je dois le ....

Ce garçon, je le .... il était dans ma classe l'an passé.

J'avais perdu mon portefeuille, mais je l'ai ....

Feuille d'exercices 11

Date :

- Si tu mets les phrases suivantes dans le bon ordre, tu liras une histoire ! Conseil : Compte les phrases après les avoir classées. Les as-tu toutes utilisées ?

Inès met la lettre dans la boîte aux lettres.
Le timbre est oblitéré.
Aujourd'hui, Inès écrit une lettre à son ami Thomas.
Le facteur vide la boîte.
Les lettres sont apportées au bureau de poste.
Elle colle un timbre sur l'enveloppe.
Inès met ensuite la lettre dans une enveloppe.
Demain, le facteur mettra la lettre dans la boîte de Thomas.

....

....

....

....

....

....

....

....

- Peux-tu répondre aux questions suivantes ?

Qui écrit une lettre ? ....
À qui est destinée la lettre ? ....
Qu'est-ce qui pourrait être écrit sur la lettre ....

....

Feuille d'exercices 12

Date :

- Sais-tu ce que les expressions ou les proverbes suivants signifient ? Cherche dans un dictionnaire.

L'habit ne fait pas le moine.

....

Chercher midi à quatorze heures.

....

Ne pas y aller par quatre chemins.

....

Dire ses quatre vérités à quelqu'un.

....

- Cherche toi-même un proverbe ou une expression contenant les mots écrits en gras. Écris aussi ce que le proverbe signifie.

main : ....

....

dent : ....

....

oiseau : ....

....

chien : ....

....

Date :

- Continue la série. Regarde l'exemple.

Un exemple :

rêver	je rêve	tu rêves	vous rêvez
infinitif	**je**	**autre personne**	**autres personnes**
mettre	je	tu	ils ....
pouvoir	je	il	nous ....
faire	je	papa	vous ....
dire	je	elle	les gens ....
dormir	je	il	nous ....
prendre	je	tu	elles ....

- Conjugue le verbe à l'indicatif présent et à la bonne personne.

Un exemple :

appeler — J'appelle mon ami dans la rue.

pleurer — Le bébé .... depuis ce matin.

cuire — Maman .... un gâteau.

préparer — Le boulanger .... une tarte.

nettoyer — Les chats se .... le pelage.

chasser — Ces hommes .... les lapins.

partager — Ils .... leurs bonbons.

tailler — Le jardinier .... la haie.

lire — Je .... un livre.

entendre — Vous .... ce que je dis ?

Feuille d'exercices 14

Date :

- Écris ces mots au pluriel. Attention : la plupart des mots qui se terminent en **al** se changent en **aux** au pluriel, mais attention aux exceptions !

Un exemple :

journal *journaux* carnaval *carnavals*

canal .... infernal ....

général .... festival ....

bal .... banal ....

- L'auteur a oublié les **s**. En faut-il un ou deux ? Parfois, cela change le sens du mot.

Je suis content ! Mon cou......in vient dormir à la maison.

Il aime dormir avec deux cou......ins et un édredon.

Papa m'a offert un beau poi......on rouge.

Il est mort ; il a dû avaler du poi......on.

Si je veux vi......er cette vis dans le mur, je dois vi......er juste.

- Tous les mots sont collés les uns aux autres. Sépare-les, puis recopie-les.

Un exemple : portportefortforte = port/porte/fort/forte =

port + porte + fort + forte

sandalescandalesabletable =

.... + ... + ... + ...

fritefêtefuitefenêtre =

.... + ... + ... + ...

Feuille d'exercices 15

Date :

- Complète les phrases en utilisant les bons mots. Ces homonymes se prononcent de la même façon, mais ils ne veulent pas dire la même chose ! Choisis parmi : ver – vers – vert – verre.

Pour traverser, il faut que le feu passe au ....

Le train est en route .... Paris.

Le .... de terre rampe dans le jardin.

J'ai soif, tu me sers un .... d'eau ?

J'étais furieux, j'étais .... de rage !

Pour écrire une poésie, il faut utiliser des ....

Le peintre a utilisé du .... tirant .... le bleu.

Tu as écrit un beau ....

- L'auteur a oublié d'écrire des lettres dans certains mots. Faut-il ajouter **s**, **ss** ou **c** ?

La cui....ine est succulente dans ce restaurant. On y sert du cou....cou...., de la gla....e à la pi....tache et du vin déli....ieux.

Sur la pla....e du village, je vois des oi....eaux qui pa....ent au-de....us de ma tête.

Zut ! j'ai ca....é ce magnifique va....e en voulant le po....er près de ma vali....e !

« Le maga....in est fermé ! » dit le pa....ant en fai....ant la grima....e.

« Mer....i pour ta vi....ite » dit la voi....ine en me donnant un bi....ou.

Date :

- Par quoi peux-tu remplacer les mots suivants ?

Un exemple :
La lune brille à travers les arbres. **Elle** a une jolie couleur jaune.
Elle = la lune

Dans la rue, les gens se parlent. Ils se racontent les derniers événements.
Ils = ……………………………………………

Maxime adore son chien. Il joue avec lui toute la journée !
Il = ……………………………………………

Veux-tu bien descendre tes affaires, Marie ?
Tu = ……………………………………………

- Un peu plus difficile… Qui représentent les mots en gras ?

Jean et Alexandre vont pour la première fois à la piscine. Ils n'**y** sont jamais allés ! **Ils** ont tous les deux reçu un nouveau maillot. Jean est le plus jeune. **Il** doit encore mettre des flotteurs, mais son frère sait déjà nager ! Quand ils arrivent à la piscine, ils courent à l'intérieur. Le maître-nageur **les** attend. Les garçons **le** trouvent très gentil. Ils écoutent bien ce qu'il **leur** dit. Au bout d'un moment, Jean et Alexandre se débrouillent déjà mieux dans l'eau, grâce à lui !

y	…………………	les	…………………
ils	…………………	le	…………………
il	…………………	leur	…………………

Feuille d'exercices 17

Date :

- Complète les phrases en écrivant les mots à la bonne place.

Choisis parmi : matin – voleurs – récompense – poli
place – soir – erreur – souvenir – beau – fête

Ce .... je suis allé au cinéma, mais il n'y avait plus de .... dans la salle !

J'ai ramené un .... de mes vacances.

Le ...., je mange toujours des céréales, mais j'ai fait une .... : j'ai mis de l'eau à la place du lait !

Ce n'est pas très .... de tutoyer un adulte qu'on ne connaît pas.

Des .... ont cambriolé la banque hier soir. La police offre une .... à toute personne qui a des renseignements !

À la .... de l'école, le décor était très .... !

- Quel mot utilisé dans l'exercice précédent convient dans les énigmes suivantes ?

Le seul mot de la liste qui contient trois fois la même consonne.

....

Le seul mot de la liste qui contient trois fois la même voyelle.

....

Le seul mot de la liste qui s'écrit avec un accent circonflexe.

....

Ce mot est un synonyme de « lieu », « endroit ».

....

Feuille d'exercices 18

Date :

- Écris sur les lignes des mots qui ont un rapport avec les mots suivants.

Un exemple :
terrain de jeux *balançoire, amis, bac à sable, toboggan*

hiver ....

rire ....

- Dessine une situation ayant un rapport avec les mots suivants.

l'amitié	la ferme
le calme	**le bruit**

- Entoure dans la même couleur les mots qui vont ensemble.

jambe	piano	temps
horloge	montre	jardin
institutrice	tondeuse	orchestre
trompette	craie	pied

Feuille d'exercices 19

Date :

- Mimi Lacrasse a de vilaines bestioles dans sa maison. Dessine tous ces parasites à la bonne place.

une araignée dans le frigo	une mouche sous le lampadaire	une souris devant le panier

- Réponds aux questions suivantes. Colorie ta réponse en rouge dans la phrase.

Un exemple :

Sur la table dans le couloir, il y a un vase.

Où y a-t-il un vase ? Sur la table dans le couloir

Dans le magasin de fruits, on peut parfois goûter les fraises.

Où peut-on parfois goûter les fraises ? ....

Il y a une bouteille de lait devant la porte.

Où y a-t-il une bouteille de lait ? ....

Le linge sèche dans le jardin.

Où le linge sèche-t-il ? ....

Feuille d'exercices 20

Date :

- Complète les phrases. Attention : tu ne peux utiliser chaque mot qu'une seule fois.

Choisis parmi : sous – à – avec – sur – vers – par – dans

.... le thermomètre, il y a du mercure.

Quand il fait froid, les oiseaux volent .... le sud.

En hiver, la température descend souvent .... zéro degré.

Quand il y a du verglas, je vais .... la patinoire !

J'adore marcher .... le lac gelé !

Je casse la glace .... un bâton.

Je vois la neige .... la fenêtre.

- Entoure le mot qui convient dans la phrase.

Marie sort **à/avec/par** la porte de la cuisine.

Elle va parler **à/avec/contre** son voisin **à/dans/chez** l'extérieur.

Elle se dirige **sur/à/vers** l'abri de jardin pour prendre sa luge.

Mais la tondeuse est **devant/sous/dans** le chemin !

Elle doit passer **le long/sur/à** des sacs de terreau pour arriver à sa luge !

Elle fait appel **à/avec/sous** son frère qui écoute de la musique **à/dans/sous** sa chambre.

Il tire la luge **devant/vers/par** la poignée et les voilà partis.

Ils passent **sous/à/avec** le tunnel pour arriver **sur/dans/à** l'entrée du bois.

Ils vont dévaler les pentes gelées **sur/avec/dans** la forêt !

Feuille d'exercices 21

Date :

- Mets ces adjectifs au féminin.

Un exemple :

un grand frère	une grande soeur
un garçon charmant	une fille ....
un gros poisson	une .... baleine
un homme riche	une femme ....
du lait frais	de la crème ....
un coup franc	une .... rigolade
un chiffon doux	une .... nuit
un projet fou	une vache ....
un homme heureux	une femme ....
du pain blanc	une nuit ....
du pain sec	la gorge ....

- Souligne en rouge tous les adjectifs dans ces phrases et écris leur contraire sur la ligne.

J'ai acheté cette nouvelle voiture au garage. Elle était très chère.

....

C'est le dernier film de Louis de Funès. Il est très comique.

....

Le lièvre est plus rapide que la tortue, mais elle est plus intelligente.

....

Feuille d'exercices 22

Date :

- Dans les phrases suivantes, conjugue les verbes au présent et à la bonne personne.

L'artiste .... (peindre) un portrait de son enfant.

En février, il .... (neiger) parfois.

Je n'............................ (aimer) pas faire mes devoirs.

Maman .... (aller) au cinéma.

Papa .... (boire) du vin.

Je .... (croire) que tu as raison.

Tu .... (avoir) de la fièvre.

- Sépare les mots suivants en syllabes.

bloquer ....

population ....

chambre ....

inflammable ....

liquide ....

vérité ....

hélicoptère ....

dictionnaire ....

- Les lettres des cinq mots suivants sont mélangées ! Remets-les dans le bon ordre.

mnama ....

batel ....

avoni ....

hiecn ....

bolaln ....

Feuille d'exercices 23

Date :

- Connais-tu l'impératif de la 2e personne du singulier (« tu ») des verbes suivants ?

Un exemple :
manger *mange*

sortir ....

prendre ....

aller ....

donner ....

préparer ....

finir ....

dormir ....

regarder ....

demander ....

être ....

- Retrouve l'infinitif des verbes à partir des impératifs.

explique ....

dites ....

dissous ....

moulez ....

résous ....

ayez ....

- Est-ce que ces mots prennent **le** ou **la** ? Écris l'article correct.

.... lumière	.... poire	.... pain
.... réverbère	.... grimoire	.... main
.... colère	.... victoire	.... crayon
.... peur	.... matin	.... boisson
.... malheur	.... chagrin	.... poisson
.... directeur	.... fin	.... caisson

Date :

- Écris les mots suivants sur la bonne ligne. Trouve toi-même deux autres mots du même thème que le mot écrit en gras.

grand-père – léopard – fleuriste – janvier – girafe – quarante
tante – frère – chirurgien – gorille – août – avril – douze
boulangère – onze – maçon

animal ....

famille ....

mois ....

métier ....

nombre ....

- Cherche le mot qui doit être écrit au-dessus de chaque colonne. Écris un autre mot qui convient sous chaque colonne.

....	....	....	partie du corps
trompette	tournesol	pantalon	orteil
harpe	tulipe	chaussette	bras
guitare	coquelicot	chemise	coude
....	....	....	....

- Quel mot ne convient pas dans la série ? Barre-le et explique pourquoi.

lampe de poche – soleil – réverbère – livre – bougie

....

Feuille d'exercices 25

Date :

- Les proverbes sont incomplets. Sais-tu ce qui doit venir sur les pointillés ?

Un tiens vaut mieux que deux ....

Chat échaudé craint ....

Les chiens aboient, la ....

Il n'y a pas de fumée ....

La nuit, tous les chats ....

- Le même mot manque chaque fois dans ces trois expressions. Trouve-le.

Il y a un .... pour tout.

Après la pluie vient le beau ....

Avec le ...., va, tout s'en va.

Avoir un cheveu sur la ....

Avoir la .... bien pendue.

J'ai le mot sur le bout de la ....

Il a le cœur sur la ....

Être pris la .... dans le sac.

Mettre la .... à la pâte.

 Date :

- Écris les pronoms. Regarde le verbe pour déterminer la personne. Il y a parfois plusieurs possibilités. Écris-les toutes.

.... contrôle toutes les valises.

.... vendent des pommes pour la bonne cause.

En été, ... campons toujours dans le jardin.

Demain .... prendrai l'avion.

.... te promènes même quand il pleut.

.... partageons honnêtement notre argent.

.... écrit à sa meilleure amie.

Sur le toboggan, ... glissez l'un à côté de l'autre.

- Mets ces phrases au pluriel. Regarde l'exemple.

Un exemple : Je lis une bande dessinée.

Nous lisons des bandes dessinées.

L'enfant regarde son ballon.

....

Tu écoutes une chanson.

....

Elle boit un verre de lait.

....

Je connais la réponse.

....

Date :

- Complète les mots suivants. Dois-tu écrire **n** ou **m** ?

o..... bre	ja..... be	to..... ber	pe..... dre
pi..... ceau	jo..... gler	me..... teur	mo..... sieur
cha..... bre	ci..... tre	da..... ser	ja..... vier
ti..... bre	tre..... bler	di..... don	ri..... cer

- Complète les mots suivants.

n ou nn	t ou tt	l ou ll	p ou pp
du..... e	tou..... e	vi..... e	sto..... er
do..... er	so..... ise	vi..... ain	cale..... in
télépho..... e	fourche..... e	va..... ée	co..... ain
pla..... ète	ache..... er	ava..... er	sa..... in
plai..... e	pâ..... é	vi..... a	gra..... e

- Écris **o** ou **ô** dans les mots suivants.

h..... tel	c..... pain	t..... t	h..... mme
vél.....	dr..... le	g..... rge	cr..... chet
métr.....	tr..... p	fr..... ler	cl..... che
p..... le	éc..... le	gr..... s	tr..... ne
p..... mme	c..... té	r..... le	s..... rte

Date :

- Certains mots commencent par une double consonne.
  Écris d'autres mots qui commencent de la même façon.
  On te donne un exemple pour chaque série.

pr*ison*	cr *oquer*	tr*op*
pr	cr	tr ....
pr	cr	tr ....
pr	cr	tr ....
pr	cr	tr ....

- Souligne la double consonne qui convient pour les mots suivants.
  Recopie ensuite le mot.

Un exemple :

<u>gr</u> / cr / br	aisse	*graisse*
sp / cl / tr	irale	....
pr / fr / cr	ère	....
tr / dr / pr	ace	....
gr / pl / vr	ise	....
dr / cr / vr	aiment	....
dr / fr / cl	asser	....
st / dr / gr	ôle	....
fl / fr / vr	oment	....
gr / fl / pr	ogner	....
bl / pl / pr	aine	....

 Date :

- Complète les phrases suivantes avec un complément de temps qui convient.

.... je me suis levé tôt.

.... j'ai mangé un bol de céréales.

Ils joueront .... dehors.

Il fait beau ....

.................................., nous sommes allés à la mer.

.................................., je serai médecin.

- Y a-t-il un complément de temps dans les phrases suivantes ? Écris O (pour « oui ») ou N (pour « non »).

Pendant les vacances, on invite des amis. ....

Le cimetière se trouve derrière l'église. ....

Ils ont fêté son anniversaire la semaine passée. ....

Je regarde un film passionnant à la télé. ....

En mars, il neige encore ! ....

- Invente et écris des phrases avec les compléments de temps suivants.

En hiver :

....

Le week-end passé :

....

En janvier :

....

Feuille d'exercices 30

Date :

- Trouve le second mot des noms composés. Il y a parfois plusieurs possibilités

Un exemple : garde + ... = garde-chasse, garde-fou, etc.

pare	+ ... =	....	lave	+ ... = ...
pique	+ ... =	....	sèche	+ ... = ...
casse	+ ... =	....	bouche	+ ... = ...
savoir	+ ... =	....	perce	+ ... = ...

- Peux-tu encore en trouver quelques-uns ? Écris-les ici.

....

....

- Un petit jeu : quel mot manque ? Regarde l'exemple !
  Le mot que tu utilises doit pouvoir être utilisé dans les deux expressions !

Un exemple :
Journal de classe et il a de la classe

rire au .... de pleurer	et	le .... de l'accident
un nom	et	une ville .... (pas sale)
le ciel est	et	avoir un .... sur le front
une .... de papier	et	une .... d'arbre

Date :

- Les morceaux de phrases sont mélangés. Remets-les dans le bon ordre. Forme chaque fois deux phrases correctes. N'oublie pas la majuscule ni le point final.

un cadeau / Luna / pour sa sœur / cherche / aujourd'hui

....

....

ce château / visitent / chaque année / beaucoup de touristes

....

....

- Mets des barres obliques entre les compléments et le reste de la phrase.

Aujourd'hui je mange du poulet.
Jeudi il ira au marché.
Demain j'écrirai une lettre à un ami.
Le soir je regarde les étoiles.
On court vers le terrain de jeux.

- Forme des phrases avec les mots suivants.

ma sœur – chez le boulanger

....

devant la porte – un tapis

....

Date :

- Écris, à côté de ces lettres de l'alphabet, le prénom d'un ami, d'une amie ou d'un membre de ta famille. N'oublie pas les majuscules.

A .... T ....
B .... R ....
J .... M ....
L .... V ....
S .... N ....

Quel est ton prénom ? ....

Entre quelles lettres de l'alphabet se trouve la première lettre de ton prénom ? Entre le .... et le ....

- Connais-tu à quelle place de l'alphabet ces lettres se trouvent ? Tu peux compter sur tes doigts tout en récitant ton alphabet !

c .... q .... w .... z ....
e .... y .... h .... m ....

- Cherche un nom d'animal qui commence par la lettre qui précède et qui suit la lettre écrite en gras.

Un exemple :

brebis **c**hien dauphin .... **f**ourmi ....
.... **s**erpent .... **l**apin ....

- La femelle du lion s'appelle la lionne. Complète la liste ci-dessus.

mâle	femelle
chien	....
chat	....
lapin	....
tigre	....
ours	....

- Attention : même exercice mais plus difficile. La femelle n'a pas du tout le même nom que le mâle ! Relie le mâle à la femelle correspondante.

cheval •	• brebis
lièvre •	• guenon
cochon •	• jument
mouton •	• hase
singe •	• truie

- Complète par « ssion » ou « tion ».

pa	conversa ....
posi	po ....
mi	émi ....

Feuille d'exercices 34 | Date :

- Beaucoup de métiers sont exercés à la fois par des hommes et des femmes. Écris le féminin des métiers suivants.

homme	femme
chanteur	....
cuisinier	....
directeur	....
acteur	....
pharmacien	....
infirmier	....
vendeur	....
coiffeur	....
instituteur	....
avocat	....
éditeur	....

- Les mots sont masculins ou féminins : cela s'appelle le genre. Écris **F** si le mot est féminin et **M** s'il est masculin.

ferme	....	siège	....
blague	....	tramway	....
chaise	....	étable	....
berceau	....	bal	....
vase	....	règle	....

Feuille d'exercices 35

Date :

- Parfois, on décrit les gens en les comparant avec un animal ou un objet. On dit par exemple « léger comme une plume », « têtu comme une mule ». Connais-tu les mots qui manquent dans ces comparaisons ?

Choisis entre : air – carpe – éclair – renard – loup
tomate – singe – paon – chou

Une faim de ……………………

Malin comme un ……………………

Muet comme une ……………………

Fier comme un ……………………

Rapide comme l' ……………………

Rusé comme un ……………………

Bête comme ……………………

Rouge comme une ……………………

Libre comme l' ……………………

- Pour former un adverbe, il faut ajouter **ment** à l'adjectif.

Exemple : poli – *poliment*

Transforme les adjectifs suivants en adverbes.

vrai = ……………	calme = ……………
faible = ……………	rapide = ……………
sale = ……………	ferme = ……………
propre = ……………	facile = ……………

Feuille d'exercices 36

Date :

Écris **au** ou **eau** dans les mots suivants.

ois......	chât......	chev......x
cout......	p......vre	origin......x
m......vais	berc......	bat......
s......ver	p......me	land......

Écris **é**, **è** ou **ê** dans les mots suivants.

l......ger	s......che	p......tard
fen......tre	f......te	rat......
fl......che	......tage	r......citer
th......	t......te	......toile
n......nuphar	honn......te	......tag......re
probl......me	syst......me	march......

Complète les phrases avec **a** ou **à**.

Lorsque j'arrive ..... la gare, il y ..... toujours des gens qui parlent ..... la dame du guichet. Celle-ci n'..... pas le temps de discuter beaucoup, alors elle dit ..... son collègue de venir ..... sa place répondre ..... la question des passagers.

Feuille d'exercices 37

Date :

- Conjugue ces verbes à l'indicatif présent.

voir	je	tu	vous ....
parler	je	il	elles ....
finir	je	tu	vous ....
jeter	je	l'enfant	les enfants ....

- Que dois-tu ajouter à la fin des mots : **ie** ou **ille** ?

man......	fam......	malad......	il s'hab......
petite f......	car......	tranqu......	il oubl......
gent......	coqu......	part......	il vérif......
toup......	sort......	fol......	il p......

- Ces mots se prononcent de la même façon, mais ils n'ont pas du tout le même sens. Utilise-les chacun dans une phrase.

seau ....

sot ....

saut ....

sang ....

cent ....

sans ....

Date :

- Les mots devant lesquels tu peux écrire **le** ou **la** sont des mots communs. Écris des mots dans les catégories ci-dessous. Cherche trois exemples d'objets, de plantes et d'animaux.

objets	plantes	animaux
....	....	....
....	....	....
....	....	....

- Souligne au crayon vert tous les noms communs de ces phrases. Il y en a souvent plusieurs par phrase.

Le docteur prescrit un médicament.
L'homme accroche ses chemises dans l'armoire.
La fenêtre reste ouverte pendant la nuit.
J'entends un oiseau qui chante dans son nid.

- Fais une croix sur les mots qui ne sont pas des noms communs.

sauter	beau	choisir	épicier
saut	demain	chose	musée
amour	main	allée	laid
souris	port	aller	lait
sourire	porter	dromadaire	hier
aimer	chaise	dormir	corne

Date :

- Un nom commun peut être accompagné d'un adjectif. Complète les phrases comme dans l'exemple.

Un exemple :
Une poire qui a du jus est une poire *juteuse*.

Un enfant qui a de la joie est un enfant ……………………
Une fille qui a peur est une fille ……………………
Un monsieur qui a de la chance est un monsieur ……………………
Un cadeau qui a coûté beaucoup d'argent est un cadeau ……………………
Une situation où il y a un danger est une situation ……………………

- Recopie les phrases suivantes, mais remplace l'adjectif (en **gras**) par son contraire !

Un exemple :
Le garçon **poli** se promène dans la **grande** ville.
Le garçon impoli se promène dans la petite ville.

Cette famille **pauvre** vit dans une **vieille** maison.

……………………………………………………………………………

Ce monsieur très **beau** téléphone à sa **gentille** femme.

……………………………………………………………………………

Il a déposé ses lunettes **propres** à côté de son cahier **ouvert**.

……………………………………………………………………………

C'est une voiture **bon marché** mais elle est très **lente**.

……………………………………………………………………………

Date :

- As-tu déjà téléphoné à un ami ou une amie ? Alors, cet exercice sera facile pour toi ! Complète ce que ces deux personnes peuvent se dire.

docteur : Allo, le docteur Jonville à l'appareil. À qui ai-je l'honneur ?

patient : ....

docteur : Quel est le problème ?

patient : ....

....

....

docteur : Allez-vous dormir tôt ?

patient : ....

docteur : Mangez-vous assez ?

patient : ....

docteur : Bien, quand puis-je venir chez vous ?

patient : ....

docteur : Où habitez-vous ?

patient : ....

docteur : D'accord, à tout à l'heure !

 Date :

- Certaines parties de la phrase racontent comment les choses se passent. Un exemple :
  William conduit vite.
  Comment William conduit-il ? **vite**
  Donc, « vite » est le complément de manière.

La glace fond lentement dans le lavabo.

Comment fond la glace ? ....

L'infirmière parle calmement au malade.

Comment .... ? ....

Beaucoup de gens attendent impatiemment le bus.

.... ? ....

- Continue les phrases avec un complément de manière.

Ils écoutent ....

J'écris ....

Elle frappe .... contre mon genou.

Il appuie .... sur la sonnette.

- Écris le pronom interrogatif. Choisis entre : Comment ? – Quand ? – Où ? Conseil : regarde la réponse !

.... reviennent-ils ? La semaine prochaine.

.... Michel va-t-il à l'école ? À vélo.

.... est mon nouveau vélo ? Dans le garage.

.... joues-tu à l'extérieur ? Après le dîner.

Date :

- Avec des mots tels que **mais**, **et**, **puis**, **ou**... tu peux relier deux phrases. Quel mot manque dans ces longues phrases ?

Il pleut .... le vent souffle fort.

Il vient samedi à ton anniversaire, ... il ne reste pas longtemps.

Je vais d'abord au marché .... j'irai à la bibliothèque.

Vous devez arrêter de bavarder, ... je ne lis plus d'histoires !

- Peux-tu relier toi-même les phrases ensemble en utilisant le bon mot ? Choisis parmi : et – mais.

Un exemple :

Cette armoire est cassée. Mets tes vêtements ici.

Mets tes vêtements ici, *parce que* cette armoire est cassée.

Je voudrais jouer avec toi. Tu ne veux pas jouer.

....

Il a un chien. Il a un chat.

....

- L'inverse ! Coupe cette phrase en deux petites.

Un exemple :

Préfères-tu jouer au ballon ou à la poupée ?

Préfères-tu jouer au ballon ? Préfères-tu jouer à la poupée ?

On a fait du sport toute la matinée, mais nous ne sommes pas fatigués.

....

Date :

Complète les mots par **ai**, **ei**, **è** ou **e**.

m......son	m......ttre	r......son	lég......re
fr......re	r......sin	imp......r	m......gre
n......ge	l......sser	p......rdre	centim......tre
fr......se	p......ste	b......ge	prom......sse

Regarde les premières lettres de ces mots. Trouves-en d'autres pour continuer la série.

prune – prison – prix – .... – ....

craie – crise – craquer – .... – ....

laque – laver – larme – .... – ....

froid – fruit – frais – .... – ....

claquer – climat – clair – .... – ....

Continue la série. La dernière lettre du mot doit être la même que la première lettre du mot suivant.

Un exemple :

trai**n** – **n**et – temps – servir – ravi ...

cou**p** – **p**........................ – .... – ....

– .... – .... – ....

Date :

- Deux mots différents qui ont le même sens sont des synonymes.
  Un exemple :
  aimable = gentil
  Connais-tu un synonyme pour…

briser ....
un bois ....
horrible ....
superbe ....
beau ....
papa ....
rapidement ....

- Remplace les mots écrits en gras dans la phrase par un synonyme !
  Choisis parmi : cadeau – intelligent – calme – fou – fâché.

J'ai toujours 10 en maths. Je suis très **malin** !

....

J'ai rigolé comme un **dingue** en regardant ce film !

....

Pour mon anniversaire j'ai reçu un magnifique **présent**.

....

Papa avait l'air **mécontent** quand il a appris la nouvelle.

....

Reste **tranquille** quand le coiffeur te coupe les cheveux !

....

Date :

- Mets une croix sous tous les mots qui sont écrits avec une majuscule. Mets-les ensuite dans la bonne colonne.

Thomas habite à Paris, capitale de la France.
La Meuse coule entre la Belgique et les Pays-Bas.
La Chine est très éloignée de notre pays.
Marie adore les gaufres de Liège.
La Seine coule à Paris.

pays	prénoms	rivières	villes
....	....	....	....
....	....	....	....
....	....	....	....

Écris ton nom et ton adresse. N'oublie pas les majuscules !

....

....

....

- Entoure les mots qui doivent être écrits avec une majuscule.

lise dupont habite à la rue des écoles à lyon.
aujourd'hui, c'est le début du mois de novembre.
les chinois habitent en chine.
en france coule une rivière qui s'appelle la seine.
ma grand-mère prépare de délicieux cakes.

Date :

- Après une phrase déclarative, on met un **point**. (.)
  Si on pose une question, on met un **point d'interrogation**. (?)
  Après une phrase exclamative, on met un **point d'exclamation**. (!)
  Quel signe de ponctuation dois-tu ajouter au bout de ces phrases ?

Pourquoi neige-t-il en hiver …

Il y a beaucoup de fleurs dans notre jardin …

Youpie …

Au secours …

J'ai deux frères …

Viens-tu avec nous au cinéma …

Quel désordre …

Aimes-tu les animaux …

- Transforme ces phrases déclaratives en questions. N'oublie pas de changer la ponctuation.

Un exemple :
Tu aimes le café.
Aimes-tu le café ?

Les animaux dorment dans leur cage.

…………………………………………………………………………………………

Cette chemise est très sale.

…………………………………………………………………………………………

Son ordinateur est très ancien.

…………………………………………………………………………………………

Date :

- Écris **e** ou **ê** dans ces mots.

f...... te	b...... rge	p...... cher
s...... pt	ch...... ne	rej...... t
m...... me	d...... tte	paqu...... t
cach...... t	cr...... pe	s...... lle
b...... ler	g...... ner	t...... rre
pr...... tre	m...... ler	t...... te

- Quel verbe dois-tu mettre dans ces phrases ? Tu peux en choisir un toi-même, mais tu dois bien l'écrire !

Bravo, tu .... très bien dansé !

Elle .... ses devoirs avec papa.

Vous .... avoir cette armoire, si vous voulez.

.... -nous en retard ?

- Conjugue chaque verbe à l'indicatif présent et à la bonne personne.

perdre	tu	il	nous ....
montrer	vous	nous	je ....
passer	tu	elle	vous ....
avoir	il	vous	ils ....
devoir	je	il	nous ....
pouvoir	vous	ils	elle ....
jeter	tu	nous	ils ....

Feuille d'exercices 48

Date :

Complète les mots par **d** ou **t**.

tan..........	blon..........	ving..........	solda..........
gran..........	collan..........	peti..........	bavar..........
fron..........	gan..........	vraimen..........	renar..........
coulan..........	goélan..........	canar..........	secon..........
cen..........	bon..........	accor..........	étroi..........
savan..........	glan..........	pique..........	autan..........

Sais-tu ce que ces expressions signifient ? Écris-le sur les lignes.

Mettre quelqu'un à la porte.	Avoir une dent contre quelqu'un.
....	....
....	....
....	....
....	....

Cherche un mot qui rime avec le son **an**. Ton mot peut se terminer par **ent**, **ant**, **end**, **and** ou **an**.

J'y pense tellement, à ce jeune homme ....

Lequel de vous deux est le plus lent ? Lui, ...

Cet homme est courageux, il a du ....

Mais dans la vie, bien souvent, il faut voir les choses en ....

Ce sont des gens intéressants, qu'ils parlent anglais ou ....